MANUEL CARLOS LOPES PORTO

A REFORMA FISCAL PORTUGUESA E A TRIBUTAÇÃO LOCAL

COIMBRA
1988

Separata do número especial do Boletim da Faculdade de Direito de Coimbra — «Estudos em Homenagem ao Prof. Doutor Eduardo Correia» — 1984

Composto e impresso na Gráfica de Coimbra
Bairro de S. José, 2, 3000 Coimbra, Portugal
300 ex. — Depósito legal N.º 18679/87

A REFORMA FISCAL PORTUGUESA E A TRIBUTAÇÃO LOCAL

> SUMÁRIO: 1. Introdução — 2. A participação das autarquias no actual quadro jurídico-financeiro português: 2.1. O relevo menor e decrescente da participação autárquica; 2.2. O relevo menor e decrescente das receitas fiscais; 2.3. A experiência tributária dos municípios portugueses — 3. As perspectivas abertas com a reforma fiscal agora em curso: 3.1. Os inconvenientes de uma maior dependência do Orçamento Geral do Estado; 3.2. A dificuldade de encontrar fontes tributárias alternativas; 3.3. A criação de um imposto sobre o valor dos prédios; 3.4. A manutenção de derramas, com novas bases de tributação — 4. As soluções adoptadas na lei da reforma fiscal (Lei n.º 106/88, de 17 de Setembro) — 5. Conclusões.

1. Introdução

A reforma fiscal agora em curso em Portugal tem implicações de assinalável relevo não apenas através de mudanças importantes dos principais impostos estaduais, mas também através de mudanças que deverão verificar-se em outras formas tributárias, em alguns casos como consequência necessária da alteração dos primeiros.

Não poderia deixar de ser assim, constituindo o sistema fiscal um todo, em que cada uma das partes não pode deixar de estar ligada a todas as demais. E de facto à Comissão da Reforma Fiscal, criada pelo Decreto-Lei n.º 232/84, de 12 de Junho, foi cometido o encargo de proceder aos «trabalhos relativos à esfera da tributação directa» «inseridos numa concepção global da reforma fiscal, em que o elenco das espécies tributárias é encarado como um todo, cujos elementos integrantes deverão entre si harmonizar-se».

Neste artigo vamos preocupar-nos com a análise dos modos como essa harmonização poderia ser feita e das soluções que foram já adoptadas em relação à tributação local, numa das linhas de preocupação que, nos termos expressos do mandato que lhe foi atribuído, a Comissão deveria assumir: a da «articulação do esquema de impostos percebidos pela administração central com as formas tributárias situadas a níveis de descentralização» [1].

Trata-se de uma problemática que não pode deixar de ser enquadrada numa preocupação mais geral de aumento da eficiência da administração pública portuguesa; importando, a tal propósito, ter presentes a experiência e os ensinamentos dos países mais próximos com que temos de concorrer, com uma prática e um reconhecimento acrescidos do papel da descentralização nos seus processos de desenvolvimento [2].

---

[1] Tendo para o efeito sido criado um grupo de trabalho da Comissão, o grupo de trabalho n.º 7, coordenado pelo autor deste artigo (em que colaboraram também A. Rodolfo Ferreira, A. Seabra Baptista, A. Serras Mendes, A. Teixeira Borges, F. Salvado Pereira, Isabel Cabaço Antunes, J. Carneiro do Amaral, J. Lavadinho Leitão, J. Maia Amaral, J. Santos Mota, José Santos, Manuela Brandão, R. Galiano Barata Pinto, Rui Morais, V. Valdez Matias, e, numa primeira fase, Fernando Bonito, N. Sá Gomes e Raul Esteves).

[2] Sobre o reconhecimento teórico das virtualidades da descentralização na função de afectação dos recursos ver por ex. GEORGE STIGLER, *Tenable Range of Functions of Local Government*, em Joint Economic Committee, Sub-Committee on Fiscal Policy, *Federal Expenditure Policy for Economic Growth and Stability*, Washington, 1957, WALLACE OATES, *Fiscal Federalism*, Harcourt Brace Javanovich, Nova Iorque, 1972, RICHARD TRESCH, *Public Finance. A Normative Theory*, Business Publications, Plano, Texas, 1981, cap. 29, RICHARD MUSGRAVE e PEGGY MUSGRAVE, *Public Finance in Theory and Practice*, 4.ª ed., McGraw-Hill, Nova Iorque, 1984, cap. 24 e VITOR GASPAR e ANTÓNIO

2. A participação das autarquias no actual quadro jurídico-financeiro português

2.1. *O relevo menor e decrescente da participação autárquica*

A evolução verificada nesses outros países não tem todavia paralelo em Portugal, onde a participação das autarquias é excepcionalmente baixa e onde, apesar disso, se verifica antes uma tendência no sentido da diminuição do seu relevo [3].

O pequeno relevo da sua participação não resulta de limitações nas suas competências legais, relativamente amplas já no quadro do Código Administrativo de 1936-40 e generalizadas (na esfera dos interesses locais) com a legislação actual (Decreto-Lei n.º 77/84, de 8 de Março e Decreto-Lei n.º 100/84, de 29 de Março, com a actualização da Lei n.º 25/85, de 12 de Agosto), designadamente nos campos social, cultural e económico. Fundamentalmente, a capacidade de actuação das autarquias está limitada pelas suas disponibilidades financeiras, levando a que seja de facto muito pequena, sem paralelo nos demais países

---

ANTUNES, *A Descentralização das Funções Económicas do Estado: A Função de Afectação*, em *Desenvolvimento Regional*, Boletim da Comissão de Coordenação da Região Centro, n. 23, 2.º Sem. 1986, pp. 9-37 (numa abordagem recente à luz da 'teoria económica da política', ver ainda GIANLUIGI GALEOTTI, *Decentralization and Political Rents*, comunicação apresentada no Seminário Internacional do CIFREL, *Local Government Finance in the Theory and in The Current Applied Research: The International Experience*, Ferrara, 16-17 de Setembro de 1988).

[3] Tendo além disso relevo apenas a intervenção dos municípios, não chegando a intervenção das freguesias a representar 5% da intervenção autárquica. Não sendo contudo de esperar, dado o seu grande número e a sua pequena dimensão, um alargamento assinalável da capacidade das freguesias, e não parecendo estar para breve a criação das regiões, as referências deste artigo, à situação presente e às perspectivas futuras, são feitas fundamentalmente apenas em relação aos municípios.

comunitários (ver o quadro I, com dados relativos ao mesmo ano) [4]:

QUADRO I

As despesas locais em 9 países comunitários (1978) *

	Superfície (milhares km2)	População (milhões habit.)	Desp. locais Desp. públ. totais (%)	Desp. locais PIB (%)
Alemanha	248,7	61,3	17,5	8,3
Bélgica	30,5	9,8	10,8	5,0
Dinamarca	43,1	5,1	60,9	27,6
França	544,0	53,3	19,0	8,1
Irlanda	70,3	3,3	29,0	16,2
Itália	301,3	56,1	17,0	6,5
Luxemburgo	2,6	0,4	18,0	8,7
Portugal	92,1	9,6	9,6	2,7
Reino Unido	244,1	55,9	35,4	11,8

* Excluindo a segurança social
Fonte: Comissão das Comunidades Europeias, *A Comunidade Europeia. Mapa Político*, 1985, David King, *Tax Reform and Local Government Finance in Portugal*, para a OCDE, Stirling, Junho 1986, com dados da OCDE, *National Accounts*, 1953-1982, Paris 1984, p. 92 e Isabel Cabaço Antunes, *L'Autonomie Financière des 'Municípios' Portugais*, Universidade de Nice, 1984-85, quadro 11.

Pode ver-se ainda, neste quadro, que não se trata de uma participação diminuta ligada necessariamente à dimensão do país, verificando-se que ela é bem maior em países com menor dimensão espacial ou/e demográfica, como são os casos da Bélgica, da Dinamarca, da Irlanda e do Luxemburgo.

As comparações internacionais — sem dúvida com as cautelas que devem sempre merecer-nos — são ainda esclarecedoras,

---

[4] Sobre algumas reservas que podem pôr-se a este modo de medir a descentralização ver por ex. ANTONI CASTELLS, *Hacienda Autonómica. Una Perspectiva de Federalismo Fiscal*, Editorial Ariel, Barcelona, 1988, pp. 37-60.

confirmando o que a teoria hoje em dia explica, ao evidenciarem a existência de níveis mais elevados de prosperidade e bem-estar nos países mais descentralizados. De facto, em cálculos a que procedemos num estudo anterior [5] apurámos uma correlação positiva significativa (de 0,87) entre o grau de prosperidade e bem-estar geral, medido pelos PIB's *per capita*, e o grau de descentralização em 14 países membros do Conselho da Europa, medido pela participação das autarquias locais nas despesas públicas totais.

Sem discutir as razões históricas que estão por detrás desta situação [6] seria de esperar, portanto, que se verificasse em Portugal uma evolução no sentido da descentralização [7]. Não tem acontecido todavia assim, conforme pode ver-se no quadro II:

Constata-se, pois, que nem mesmo a legislação publicada na sequência da instituição do poder autárquico (democrático) levou a uma inversão duradoura da tendência anterior. Apenas em 1980, um ano depois da primeira lei das finanças locais, a participação das despesas autárquicas nas despesas públicas totais ultrapassou os dois dígitos, que encontramos sempre (com valores muito mais elevados) nos demais países (recorde-se o quadro I); e nos anos seguintes foi-se chegando a valores acentuadamente mais baixos, mais baixos mesmo do que os verificados antes da instauração da

---

[5] *Situação e Perspectivas da Região Centro*, em *Boletim da Comissão de Planeamento da Região Centro*, n.º 6, 1.º Sem. 1978, pp. 4-40.

[6] Ver por ex. JORGE GASPAR e MANUEL PORTO, *Mobilité Demographique et Regionalization au Portugal*, em CRALL-FNSRS, *La Theorie de l'Espace Humain — Transformations Globales et Structures Locales*, UNESCO, 1986, pp. 88-104.

[7] Mesmo admitindo-se que só deveria descentralizar-se depois de atingido um nível razoável de progresso e bem-estar geral. Mas estamos antes convencidos de que desde níveis muito abaixo do nosso uma estrutura descentralizada é por si mesma um instrumento poderoso de progresso, promovendo uma utilização mais empenhada e eficiente dos recursos disponíveis: estando aí uma razão determinante para os maiores níveis de desenvolvimento conseguidos nos principais países com que temos de competir.

QUADRO II
Percentagem das despesas locais *

Ano	Despesa local / Desp. públ. total	Invest. local / Inv. públ. total	Desp. corr. loc. / Total desp. públ. correntes
1972	8,8	37,1	5,1
1973	8,6	30,1	5,1
1974	7,9	25,2	4,3
1975	8,3	21,3	5,4
1976	9,9	28,7	5,8
1977	8,2	18,3	5,4
1978	9,6	27,5	5,4
1979	9,9	29,5	6,0
1980	10,7	34,2	5,4
1981	9,9	36,3	5,0
1982	9,2	26,9	5,8
1983	7,8	25,2	4,9
1984	6,9	26,0	4,5
1985	7,3	24,0	5,0
1986	7,0	24,1	4,7

* Excluindo a segurança social
Fonte: Relatórios do Banco de Portugal

democracia em Portugal [8], ao contrário do que se passou nos países mais descentralizados (e mais ricos), mesmo nos de menor dimensão, onde continuou a caminhar-se no sentido da descentralização.

A desagregação do quadro II permite-nos ver ainda que, dentro da escassez das suas possibilidades de intervenção, as autarquias locais se revelam como entidades muito mais voltadas para o investimento do que a administração pública central. Na

---

[8] A linha evolutiva não é significativamente diferente excluindo-se dos cálculos, além dos encargos com a segurança social, os juros da dívida pública (ver o quadro VIII, em anexo).

verdade, quando por exemplo em 1986 as autarquias podiam fazer apenas 7% das despesas públicas totais, participaram com quase um quarto do investimento público (fazendo, por seu turno, apenas 4,7% das despesas correntes). Cremos estar aliás aqui, nesta perspectiva mais virada para o investimento [9], levando por sua vez a uma implantação de infraestruturas produtivas e condições de bem-estar social capazes de proporcionar uma utilização mais completa dos recursos existentes nos espaços nacionais, uma base importante, com as economias externas proporcionadas, para a maior eficiência conseguida em países com sistemas mais descentralizados.

2.2. O relevo menor e decrescente das receitas fiscais

Dentro do quadro apontado, verifica-se por seu turno que de um modo geral tem decrescido e é actualmente muito reduzido o papel dos impostos das autarquias locais portuguesas (ver o quadro III) [10]:

Vê-se, assim, que ainda em 1974 era maioritária a participação fiscal, contudo com um peso relativo que nos anos seguintes se reduziu rapidamente, devido à pressão que as 'novas autarquias' conseguiram exercer em relação às trans-

---

[9] Por certo ligada a diferentes factores, desde uma maior proximidade dos problemas a uma maior sensibilidade eleitoral em relação à apresentação de 'obra feita', beneficiando por seu turno de uma maior imunidade em relação à tentação inelutável dos burocratas no sentido de privilegiarem antes o alargamento dos seus próprios aparelhos (ver a análise básica de WILLIAM NISKANEN, Jr., *Bureaucracy and Representative Government*, Aldine-Atherton, Chicago, 1971 e, entre nós, A. CAVACO SILVA, *Políticos, Burocratas e Economistas*, em *Economia*, vol. II, Outubro 1978, pp. 496-8; a tendência assinalada no texto é aliás comum à generalidade dos países, conforme pode ver-se em CASTELLS, loc. cit., p. 42).

[10] Não distinguindo impostos locais de impostos estaduais com as receitas afectadas às autarquias.

QUADRO III
Percentagem das diferentes fontes de financiamento local

Anos	74	75	76	77	78	79	80	81	82	83	84	85	86
Impostos	61	41	35	29	31	19	19	19	24	20	20	20	20
Transferências	23	50	58	68	66	78	75	68	62	66	74	73	72
Empréstimos	16	9	7	3	3	3	6	13	14	14	6	7	8
Total	100	100	100	100	100	100	100	100	100	100	100	100	100

Fonte: V. Valdez Matias, *Sistemas Fiscais das Autarquias Locais*, Rei dos Livros, Lisboa, 1987 e informação directa da Direcção Geral da Administração Autárquica.

ferências orçamentais (sendo muito pequeno o recurso ao crédito) [11].

A queda foi especialmente sensível de 1978 para 1979, quando, conforme veremos no número seguinte, entrou em vigor a primeira lei das finanças locais: com a qual os impostos que passaram a reverter a favor das autarquias não foram suficientes para compensar o diferencial existente, designadamente para compensar o afastamento de alguns impostos de que anteriormente dispunham.

---

[11] Também a este propósito numa evolução inversa da verificada nos demais países comunitários, na generalidade dos quais (outra excepção foi a da Irlanda, não se dispondo de números completos sobre a Grécia) a participação fiscal aumentou entre 1975 e 1985 (passando a média de 58,41 para 59,87%, com uma pequena descida no outro ano de referência: 1980): ver JEFFREY OWENS, *Local Taxation in a Changing National Environment: The Experience of OECD Countries*, em CCRC/OCDE, Seminário Internacional sobre *A Problemática da Tributação Local*, Coimbra, 7-8 de Abril de 1988 (no prelo), quadro 7. Pode ver-se aqui, ainda, que entre os países considerados, fora o caso da Irlanda (5,54% em 1985) em nenhum outro se encontra uma percentagem abaixo dos 30% (situando-se em quatro deles acima dos 60%).

2.3. *A experiência tributária dos municípios portugueses*

Avizinhando-se, com a reforma fiscal em curso, uma nova alteração nas receitas fiscais atribuídas aos municípios, vale a pena recordar a experiência entretanto vivida, com indicações que poderiam ser sugestivas em relação ao futuro.

Até à primeira lei das finanças locais (a Lei n.º 1/79, de 2 de Janeiro: portanto, ainda no quadro do Código Administrativo de 1936-1940) constituíam notas dominantes do sistema tributário autárquico o predomínio dos adicionais e derramas e do imposto de comércio e indústria (recaindo, também, sobre a colecta de um imposto estadual: a contribuição industrial) e, dentro destas receitas, o predomínio da tributação ligada aos lucros das actividades comerciais e industriais. A título de exemplo, pode ver-se como era esta repartição de receitas no ano de 1975 (quadro IV):

QUADRO IV

Receitas fiscais locais: 1975

	10^3 escudos	Percentagem
Adicionais à contribuição predial rústica	50 326	2,3
Adicionais à contribuição predial urbana	234 104	9,2
Adicionais à contribuição industrial	378 179	14,8
Adicionais ao imposto de capitais	176 205	6,9
Derramas (s/ a cont. predial)	267 082	10,4
Imposto de comércio e indústria	1 320 273	51,8
Imposto de prestação de trabalho	31 961	1,2
Imposto de serviço de incêndios	76 991	3,0
Imposto sobre espectáculos	1 804	0,07
Outros	1 029	0,04
Total	2 546 954	100,00

Fonte: *Contas de Gerência* (cfr. Valdez Matias, cit.). Não está aqui incluído o imposto de turismo, aplicado em determinadas zonas do país.

Vê-se, assim, que as receitas proporcionadas pelos adicionais e derramas representavam mais de 40% do total, representando por seu turno o imposto de comércio e indústria mais de 50%. Ficavam de fora, como receitas de impostos não ligados a impostos estaduais, valores com muito pouco significado, não chegando a 5% do total.

Por seu turno, somando a receita do imposto de comércio e indústria com a dos adicionais à contribuição industrial tinhamos o valor de 66,6%, verificando-se, pois, que mais de dois terços do financiamento fiscal das autarquias locais resultava de tributação das actividades comerciais e industriais.

As sucessivas 'leis' das finanças locais conduziram a uma alteração radical na estrutura das receitas fiscais dos municípios. Assim, a Lei n.º 1/79, além de ter afastado os adicionais e o imposto de comércio e indústria [12], veio trazer para a esfera das receitas municipais a contribuição predial e o imposto sobre os veículos [13]. Depois, o Decreto-Lei n.º 98/84, de 20 de Março, transferiu para os municípios o imposto de mais-valias e criou a 'taxa' municipal de transportes [14]. Por fim, a Lei n.º 1/87, de 6 de Janeiro, transferiu para os municípios a receita da sisa e consagrou ainda, como forma de compensação da perda da receita do imposto de turismo [15], que constituísse receita sua 37,5% do IVA

---

[12] Ainda, com menor relevo, o imposto de prestação de trabalho e o imposto sobre espectáculos.

[13] As derramas (com uma taxa até 10% e podendo ser lançadas, a título excepcional, para ocorrer ao financiamento de investimentos urgentes e/ou no quadro de contratos de reequilíbrio financeiro) passaram a poder ser lançadas, não só sobre as colectas da contribuição predial, como também sobre as colectas da contribuição industrial e (enquanto ele se manteve) do imposto de turismo.

[14] Cuja aplicação ficou dependente da iniciativa dos municípios que reunissem as condições necessárias para a lançar. Mas até hoje nenhum município tomou a iniciativa de lançar este imposto (um «payroll» tax), sobre o rol (a folha) das remunerações do trabalho: por certo no reconhecimento das distorções factoriais e espaciais a que levaria.

[15] Afastado com a entrada em vigor do IVA, no dia 1 de Janeiro de 1986 (cfr. o Decreto-Lei n.º 394/84, de 26 de Dezembro, arts. 2.º, n.º 2-b) e 10.º).

incidente sobre a matéria colectável de actividades turísticas prestadas em zonas e regiões de turismo.

A repartição destas diferentes receitas, entre 1980 e 1986, pode ser vista no quadro V:

QUADRO V
Receitas fiscais locais: 1980-1986 10^6 escudos

	1980	1981	1982	1983	1984	1985★	1986★	(%)
Cont. predial	4 126	4 762	5 470	6 762	7 685	9 000	10 500	(48,6)
Imp. s/ veículos	1 130	1 232	1 325	1 343	1 406	1 500	1 900	(8,8)
Imp. de turismo	207	910	717	651	1 492	1 700	2 100	(9,7)
Imp. s/incêndios	—	—	133	192	232	270	320	(1,5)
Derramas	1 318	1 693	2 097	2 589	3 753	4 100	4 600	(21,3)
Imp. de mais-val.	—	—	—	—	—	1 650	2 200	(10,2)
Total	6 781	8 597	9 742	11 537	14 388	18 220	21 620	(100)

★ Valores calculados.
Fonte: Valdez Matias, ob. cit., com dados fornecidos pela Direcção Geral da Administração Autárquica.

A receita da sisa, que desde 1987 passou a constituir receita dos municípios, terá sido em 1986 de cerca de 13,5 milhões de contos.

3. **As perspectivas abertas com a reforma fiscal agora em curso**

A reforma fiscal agora em curso, levando à criação de impostos únicos sobre os rendimentos das pessoas físicas (IRS) e das pessoas colectivas (IRC), obrigou a considerar de novo a problemática da tributação local: ou como consequência directa da própria natureza dos impostos a criar ou como consequência de opções tomadas pelo legislador.

Assim, incidindo o IRS e o IRC sobre as globalidades dos rendimentos, com a sua introdução ficariam directamente em causa as duas receitas tributárias dos municípios portugueses que em termos de volume se seguem imediatamente à sisa: a contribuição predial e as derramas. Não faria de facto sentido uma globalização (e uma pessoalização) de que não fizessem parte os rendimentos dos prédios, pelo menos os rendimentos recebidos com o seu arrendamento (ou algum outro tipo de cedência); e com esta estrutura deixariam de estar individualizadas as colectas dos dois impostos sobre os quais recaem agora as derramas, a contribuição predial e a contribuição industrial.

Por outro lado, a Comissão da Reforma Fiscal desde o início se orientou no sentido de se adoptar uma concepção alargada de rendimento, englobando todo o rendimento-acréscimo (não apenas o rendimento-produto) [16]. Passaram por isso as mais-valias a ser consideradas no IRS e no IRC, deixando as autarquias locais de poder dispor do imposto cedular que sobre elas agora recai: atribuído pela segunda lei das finanças locais (o Decreto-Lei n.º 98/84) e que, em termos reditícios, se coloca a seguir aos referidos há pouco.

3.1. *Os inconvenientes de uma maior dependência do Orçamento Geral do Estado*

Como alternativa em relação aos impostos de que as autarquias portuguesas deixarão de poder dispor (ou mesmo em relação a todos os demais), poderia pensar-se na hipótese de as

---

[16] Ver a Exposição de Motivos do respectivo Projecto de Proposta de Lei, n.º 1.6 (em *Reforma da Tributação do Rendimento*, Estudos e Documentos da Reforma Fiscal I, Imprensa Nacional-Casa da Moeda, Lisboa, 1987) e P. PITTA e CUNHA, *The Reform of the Portuguese Income Tax System in the Frame of Worldwide Tax Reform* (versão preliminar).

suas necessidades serem financiadas integralmente através do Orçamento Geral do Estado.

Como vantagem mais atraente desta solução poderia apontar-se a sua simplicidade, evitando-se todas as complicações que resultam da aplicação de mais impostos; podendo acrescentar-se, ainda, a circunstância de mesmo com impostos próprios das autarquias não poder prescindir-se em Portugal de alguma forma de perequação financeira [17], na medida em que não é possível encontrar espécies tributárias que correspondam, em relação a todas as autarquias, a todas e apenas às suas necessidades financeiras. No quadro geral dos municípios portugueses, com uma enorme diversidade de capacidades tributárias e de exigências, será sempre necessário proceder a ajustamentos a nível central [18].

Não pode desconhecer-se, todavia, o reverso da medalha, apontando no sentido de as receitas das autarquias não ficarem na dependência total ou muito grande de transferências do Estado. Poderá não estar em causa, nesta linha, qualquer preocupação em relação à segurança das receitas, decerto assegurada em cada ano pelos representantes do país no Governo e na Assembleia da República, e podendo aliás dispôr-se de um índice legal que

---

[17] Como aquela que o Fundo de Equilíbrio Financeiro (FEF) visa fazer, desde a primeira lei das finanças locais (com algumas mudanças nos critérios seguidos, mas continuando a requerer uma melhor adequação às necessidades sentidas: ver por ex. as comunicações de ALBERTO SANTOS e FERNANDA COSTA, ANTÓNIO BALSAS e WALTER GUERREIRO, ISABEL CABAÇO ANTUNES e L. BRAGA DA CRUZ em CCRC/OCDE, Seminário Internacional sobre *A Problemática da Tributação Local*, Coimbra, 7-8 de Abril de 1988, no prelo).

[18] Tendo de promover-se, pois, o equilíbrio financeiro horizontal (a 'solidariedade') que, nos termos do n.º 2 do art. 240.º da nossa Constituição, deve acrescer ao equilíbrio financeiro vertical (a 'igualdade activa') entre o Estado e o conjunto das autarquias (ver A. SOUSA FRANCO, *Finanças Públicas e Direito Financeiro*, Almedina, Coimbra, 1987, p. 189 e J. GOMES CANOTILHO e VITAL MOREIRA, *Constituição da República Portuguesa. Anotada*, 2.ª ed., 2.º vol., Coimbra Editora, 1985, p. 388).

procure salvaguardar o montante mínimo das transferências a fazer [19]. Para além disso, pode apontar-se a vantagem de que não aumente ainda mais a dependência das autarquias em relação ao orçamento do Estado, já muito onerado, em muitos casos com exigências que, num país como o nosso, não poderá deixar de ser o Estado a satisfazer; bem como a vantagem de que, na lógica de empenhamento e de responsabilização que constituem uma razão básica justificativa da sua intervenção, tanto quanto possível os autarcas sintam a responsabilidade pela boa gestão das receitas que os cidadãos lhes confiam: reforçada, de facto, com a individualização e a 'perceptibilidade' («perceptibility») das receitas atribuídas [20].

Dando-se valor a estes interesses, não poderia deixar de ver-se com preocupação o afastamento da contribuição predial, das derramas e do imposto de mais-valias, passando as receitas fiscais autárquicas a representar apenas 45% do já reduzido valor actual (sem a sisa, 20%) [21] e a cobrir apenas cerca de 9% das suas despesas (sem a sisa, seriam 4%). Com um previsível (e desejável) acréscimo de responsabilidades das autarquias, no reconhecimento da sua maior eficiência na resolução de muitas tarefas que ainda

---

[19] Tal como aconteceu com a primeira lei das finanças locais, ligando o montante global do FEF a uma percentagem das despesas do Estado, e acontece com a lei de 1987, ligando-o às previsões da receita do IVA.

[20] Contribuindo-se assim não só para uma maior eficiência na gestão da 'coisa pública' como também para o reforço das estruturas democráticas.
Deve sublinhar-se, com implicações que procuraremos ter em conta adiante, que a «accountability» deste modo promovida será tanto maior quanto mais largo for o leque dos contribuintes atingidos com os impostos a pagar e quanto maior for a capacidade de intervenção das autarquias, fixando a taxa a aplicar ou decidindo mesmo sobre a oportunidade do seu lançamento.
Em alguns casos a exigência feita poderá ser, com o não reconhecimento da necessidade de despesas propostas, uma via de redução das despesas públicas totais, através da redução das despesas públicas locais.

[21] Mesmo assim, considerando a parcela do IVA correspondente às actividades turísticas.

hoje lhes não cabem [22], trata-se de percentagem que teria tendência para decrescer nos próximos anos [23].

3.2. *A dificuldade de encontrar fontes tributárias alternativas*

Reconhecendo-se, assim, a vantagem de assegurar pela via fiscal uma parcela significativa das necessidades financeiras das autarquias, poder-se-ia pensar na hipótese de encontrar novas fontes, totalmente diferentes das que têm sido entretanto utilizadas.

A experiência já vivida, no nosso país e no estrangeiro, é contudo elucidativa das dificuldades que se levantam na escolha de figuras tributárias que satisfaçam a contento e simultaneamente os requisitos de equidade, eficiência e simplificação que importa assegurar. Trata-se de dificuldades que se levantam em todos os níveis dos sistemas fiscais [24], designadamente no campo do financiamento autárquico [25].

Será portanto no reconhecimento destas dificuldades (ou mesmo impossibilidade) que importará de qualquer modo, em soluções de 'segundo óptimo', encontrar aquelas figuras tributárias que, num cotejo geral, apresentem um saldo mais vantajoso.

---

[22] Com maior actualidade, pode lembrar-se o empenho do Estado português em transferir para as autarquias grande parte das suas responsabilidades viárias e no campo dos equipamentos da educação.

[23] Acentuando-se a diferença, referida na n. 11, em relação ao que se passa na generalidade dos demais países comunitários.

[24] Mesmo em relação à satisfação de cada um dos critérios de apreciação (ver J. TEIXEIRA RIBEIRO, *A Justiça na Tributação*, em *Livro de Homenagem* ao Prof. Doutor António Manuel Pinto Barbosa, Faculdade de Economia da Universidade Nova de Lisboa, no prelo, e separata do *Boletim de Ciências Económicas* da Faculdade de Direito de Coimbra, vol. XXX, Coimbra, 1987).

[25] Conforme reconhece DAVID KING, «the discussion of these criteria suggests that no tax appears to be perfect for subcentral use» (*Fiscal Tiers. The Economics of Multi-Level Government*, George Allen & Unwin, Londres, 1984, cap. 7).

Nas condições do nosso país, de desejabilidade de uma maior participação fiscal própria no financiamento das autarquias, virá provavelmente a revelar-se aconselhável a participação também de novas figuras, talvez muito diferentes das actuais. Não era todavia fácil encontrar, de imediato, alguma que pudesse ser aceite sem hesitações [26], justificando-se, de qualquer modo, que se começasse por uma ponderação das figuras tributárias que ficavam em causa com a reforma fiscal, procurando ver quais são os seus méritos próprios e, sendo reconhecidos, se seria possível encontrar-lhes sucedâneos próximos ou mesmo mantê-las, com os ajustamentos necessários.

Foi dentro desta lógica que nos pareceu merecer especial atenção a criação de um imposto sobre o valor dos prédios, no lugar da contribuição predial actual, e a manutenção de derramas, com novas bases de tributação [27]: num caso e no outro, com os

---

[26] Foi a conclusão a que chegaram também os consultores que, ao abrigo de cooperações do FMI e da OCDE, se debruçaram sobre o nosso país, encarando desde um imposto de capitação («poll tax») ou um imposto sobre o rol dos salários («payroll tax») até a impostos locais sobre a generalidade do consumo, passando pela aplicação de impostos específicos sobre os consumos de bebidas alcoólicas ou de tabaco ou pela tributação de combustíveis (M. CASA-NEGRA DE JANTSCHER, MÁRIO TEIJEIRO e ALFRED DALTON, *Reform of Income Taxation in Portugal*, Fiscal Affairs Department, FMI, Washington, Novembro 1985 e DAVID KING, *Tax Reform and Local Government Finance in Portugal*, cit. e *The Proposed Reform of Local taxation in Protugal: A Comment*, Stirling, Setembro 1987, tal como o primeiro, para a OCDE).

[27] Não nos parecendo já que se justificasse a procura de qualquer alternativa para o imposto de mais-valias: não devido à sua pequena importância reditícia (susceptível de ser aumentada), mas por não apresentar características que o recomendem de um modo especial como forma de tributação autárquica.

É bem diferente a situação do 'velho' encargo de mais-valia (cfr. art. 17.º da Lei n.º 2030, de 22 de Junho de 1948 e arts. 78.º e ss. do Decreto n.º 43587, de 8 de Abril de 1961), sem dúvida uma forma especialmente adequada de compartição dos cidadãos no pagamento de benefícios que auferem da colectividade (em muitos casos das autarquias), em obras e aprovações urbanísticas valorizadoras dos seus terrenos. Trata-se, por isso, de uma forma de financiamento cuja utilização deverá ser mesmo incentivada, nos casos agora previstos e talvez também com um alargamento a outros casos de valorizações prediais.

méritos (e as limitações) que serão analisados nos números seguintes [28].

Para além dos seus méritos próprios, a criação ou a manutenção destas figuras, sem qualquer hiato, evitaria que com a reforma fiscal houvesse, embora temporariamente, uma acentuação ainda maior do desequilíbrio já hoje existente na estrutura do financiamento das autarquias portuguesas [29]; podendo acrescentar-se, por outro lado, as sensíveis vantagens de aceitabilidade e administrativas de impostos (ou sucedâneos próximos) que os contribuintes e os agentes da administração já conhecem de longa data: na linha, bem compreensível, de que «a good tax is an old tax» [30].

3.3. *A criação de um imposto sobre o valor dos prédios*

Independentemente da questão do financiamento autárquico, a criação do IRS e do IRC levantava o problema de saber se os rendimentos a integrar nos englobamentos deveriam ser apenas rendimentos monetários (ou equivalentes) recebidos com o arrendamento de prédios, ou também rendimentos normais («imputed rents»), designadamente em relação a prédios não arrendados.

---

[28] Além dos méritos económico-financeiros e políticos que procuraremos sublinhar, são figuras através das quais se contribuirá para dar cumprimento ao art. 255.º da Constituição Portuguesa, segundo o qual «os municípios participam, por direito próprio e nos termos definidos pela lei, nas receitas provenientes dos impostos directos»; parecendo-nos já duvidoso que esteja a dar-se este cumprimento através da participação no FEF, alimentado tanto por impostos directos como também (por certo em maior medida, no caso português) por impostos indirectos (cfr. CANOTILHO e VITAL MOREIRA, ob. cit , p. 407): não tendo então sentido útil a referência expressa aos impostos directos.

[29] Podendo tratar-se de hiatos de difícil recuperação: como seria o caso, segundo julgamos, de durante algum tempo o rendimento ou o valor de um número apreciável de prédios passar a escapar totalmente às malhas do fisco português (ver *infra* a n. 40).

[30] Conforme recorda OWENS, na sua análise da situação portuguesa (loc. cit., p. 19).

Desde o início dos seus trabalhos, a Comissão da Reforma Fiscal orientou-se no sentido de, de um modo geral, integrar no IRS e no IRC apenas rendimentos realmente auferidos: apontando, em relação à tributação predial, para a integração apenas das rendas recebidas por prédios arrendados (ou situações equivalentes) [31].

Aceitando-se esta posição, não se desconheceram as razões teóricas que apontam no sentido de serem tributadas também as utilidades conferidas pela propriedade dos bens. Mas foi-se sensível à dificuldade (ou mesmo à impossibilidade) de alargar a tributação às utilidades proporcionadas por todos os tipos de bens: que, na mesma lógica, não deveriam ser apenas os prédios, mas todos os demais imóveis e todos os móveis (incluindo jóias, objectos de arte, objectos domésticos e tantos outros).

Reconhecendo-se a impossibilidade ou a inconveniência de tributar todas as utilidades — e, de facto, não se pôs a hipótese de tributar quaisquer outros tipos de utilidades — restringiu-se a aplicação do IRS e do IRC, em relação aos prédios, a um campo bem identificado e onde não se verificariam desigualdades injustificáveis em relação a outros valores: o dos rendimentos «decorrentes da locação, total ou parcial, de prédios rústicos ou urbanos e da cessão de exploração de estabelecimentos comerciais ou industriais, incluindo a dos bens móveis naqueles existentes» [32]. Fica-se, assim, no mesmo plano que em relação às outras fontes de rendimentos, tributando-se em IRS e em IRC os rendimentos reais por elas proporcionados e não a mera utilidade ligada à sua propriedade.

---

[31] Ver a Exposição de Motivos, cit., n.º 1.9.5 (também o n.º 1.2).

[32] Constituindo novidade em relação à situação actual, que, na mesma lógica, não carece de qualquer explicação, a inclusão dos rendimentos resultantes do arrendamento de prédios rústicos (cfr. Projecto da Comissão da Reforma Fiscal, cit., p. 47).

Com esta opção, abriu-se já em grande medida o caminho para que sobre a generalidade dos prédios — com maior relevo, sobre os prédios não arrendados — recaísse um imposto patrimonial [33]. Naturalmente, também em relação a um imposto desta natureza pode ser dito que ficam de fora, por dificuldades de conhecimento ou por outras razões, muitas situações de propriedade em relação às quais não há nenhuma tributação. Mas além de se tratar de uma desigualdade que choca menos aqui do que num imposto com as preocupações de pessoalização do IRS, deve salientar-se que a tributação do património predial, mais do que na lógica do princípio da capacidade de pagar, pode encontrar justificação na lógica do princípio do benefício, na medida em que os proprietários de prédios são especiais beneficiários de infraestruturas e serviços, muito onerosos, que a colectividade lhes proporciona [34].

---

[33] Numa inovação para que se orientaram também, em relação ao nosso país, a missão do Fundo Monetário Internacional e o consultor da OCDE, cits..

[34] Ver por ex. MUSGRAVE E MUSGRAVE, ob. cit., pp. 460, não deixando todavia de chamar a atenção para as limitações que se levantam.

Um imposto sobre o valor dos prédios tanto pode incidir sempre sobre os proprietários (ainda, eventualmente, titulares de direitos limitados de propriedade ou possuidores), mesmo que seja outrem a utilizá-los, como sobre os seus utilizadores, que tanto podem ser os proprietários como outras pessoas, nos casos de arrendamento (ou outra forma de cedência). Nos países da OCDE há experiências nos dois sentidos (cfr. OCDE, *Taxes on Immovable Property*, Paris, 1983, quadro 3.9, p. 67), embora com prevalência clara da incidência sobre os proprietários (sendo excepções a «taxe d'habitation» francesa e as «rates» que se mantêm no Reino Unido).

Na nossa análise vamos ter em conta apenas a primeira hipótese. Embora reconhecendo os méritos da segunda (alguns dos quais virá a propósito referir em alguns passos deste artigo), julga-se deverem prevalecer os da primeira, incluindo a maior aceitabilidade e a mais fácil e segura administração de um imposto que no nosso país ficaria aliás assim mais na linha da actual contribuição predial; devendo salientar-se, ainda, que os prédios são sempre valorizados com a generalidade dos benefícios proporcionados pela colectividade aos seus utilizadores.

Ligada a esta opção em relação à incidência legal está, naturalmente, a difícil e discutida questão da repercussão da tributação predial, que não é objecto

Esta consideração, a par de dificuldades administrativas e graves riscos de evasão que resultariam de haver ou não tributação consoante os prédios não estivessem ou estivessem arrendados, apontava ainda no sentido de a tributação predial recair sobre todos os prédios. Naturalmente, com esta solução ficou em aberto uma outra preocupação, a de não sobrecarregar tributariamente quem recebe rendimentos de prédios arrendados [35], para a qual importava encontrar uma solução adequada.

Uma primeira razão para a tributação dos patrimónios prediais está, assim, ligada a uma opção de base tomada em relação ao IRS e ao IRC. Mas é uma tributação que apresenta também razões justificativas próprias, designadamente como fonte de receita das autarquias.

Trata-se, desde logo, de uma forma tributária que, embora nova no nosso sistema fiscal, surge na sequência de uma tradição muito longa no sentido de se tributarem os rendimentos prediais normais [36] e de uma prática (bem mais recente) de constituir uma

---

da análise deste artigo: retendo dela, apenas, que em condições mais frequentes de elasticidade da oferta e da procura dos prédios, de mobilidade dos factores de produção e, ainda, de algumas diferenças nos pesos das tributações, será de esperar que venha a ser distribuída entre os proprietários, os utilizadores e, sendo o caso, os consumidores de bens neles produzidos (ver, em síntese de uma bibliografia muito extensa, G. A. HUGHES, *Housing and the Tax System*, em G. Hughes e G. Heal eds., *Public Policy and the Tax System*, George Allen & Unwin, Londres, 1980, cap. 3 e mais recentemente, com um alargamento do modelo, CHIAN LIN, *A General Equilibrium Analysis of Property Tax Incidence*, em *Journal of Public Economics*, vol. 29, 1986, pp. 113-32).

[35] Verificando-se então uma distorção no mercado em relação à generalidade das demais formas de aplicação do aforro, como são os casos, por exemplo, de o aplicar em depósitos ou títulos, não estando estes valores patrimoniais sujeitos a tributação: apenas os rendimentos monetários, v. g. juros e dividendos, por eles proporcionados (devendo, como é óbvio, ser igualmente evitadas outras formas de 'dupla tributação' que poderão surgir nestes casos).

Trata-se de dificuldade que não se levantaria com um imposto incidente sobre os utilizadores dos prédios.

[36] O que é recente, apenas da reforma fiscal dos anos 60 (com o Código da Contribuição Predial e do Imposto sobre a Indústria Agrícola, aprovado pelo

receita municipal (desde a primeira lei das finanças locais, de 1979) [37]. Na linha do que se assinalou no número anterior, a

---

Decreto-Lei n.º 45104, de 1 de Julho de 1963) é a tributação de algumas rendas prediais efectivas: as que resultam do arrendamento de prédios urbanos (mantendo-se nos demais casos a tributação de rendimentos normais).

[37] Constituindo além disso uma receita fiscal com a maior tradição como fonte de receita fiscal autárquica na generalidade dos países da OCDE, em alguns dos quais representa a sua parcela mais significativa: casos da Austrália, dos Estados Unidos, da Holanda e da Nova Zelândia (ver *Taxes on Immovable Property*, cit., quadro 1.2, p. 15).

Assim acontecia também, tradicionalmente, na Irlanda e no Reino Unido (tal como na Austrália e na Nova Zelândia, com a designação de «rates»), onde atingia mesmo as percentagens mais elevadas como fonte tributária das autarquias. Mas recentemente, depois de as «rates» irlandesas terem sido suspensas, no Reino Unido foi iniciado um processo conducente à substituição de grande parte das «rates» (na Escócia em 1989 e na Inglaterra e no País de Gales a partir de 1991; não estando nada previsto para a Irlanda do Norte) por um imposto de capitação (um «poll tax», aparecendo todavia designado como 'taxa comunitária': «community charge»).

Trata-se, sem dúvida, de experiências interessantes a seguir, levando num caso a uma maior dependência do orçamento estadual e nos casos da Grã--Bretanha à substituição por uma forma tributária que, embora com virtualidades inquestionáveis como fonte de tributação local (mesmo em geral, pela sua relativa neutralidade na afectação dos recursos: cfr. C. FOSTER, R. JACKMAN e M. PERLMAN, *Local Government Finance in a Unitary State*, George Allen & Unwin, Londres, 1980, pp. 220-2 e KING, *Fiscal Tiers*..., cit., cap. 6), se distribui em princípio de um modo regressivo sobre os cidadãos. Embora se pense que esta regressividade possa ser muito atenuada (ou mesmo evitada) através de deduções admitidas pela «community charge» (Her Majesty's Stationary Office (HMSO), *Paying for Local Government*, pp. 24-6, n.ºs 3.33 a 3.38 e DAVID KING, *Accountablity and Equity in British Local Finance — The Poll Tax*, comunicação apresentada no Seminário Internacional da ACIR, *Setting New Agendas for Intergovernmental Decentralization: The International Experience*, Washington, 22-24 de Fevereiro de 1988, a publicar, em ed. de Robert Bennett, pela Oxford University Press), seriam de esperar as críticas que, a esse e a outros propósitos, têm sido feitas à nova figura tributária (ver por ex. RITA HALE, *Defence of Rates e Poll tax: Some Initial Analysis*, ambos em *Public Finance and Accountancy*, Junho de 1985, JOHN MUELLBAUER, em *Lloyds Bank Review*, Outubro de 1987 e GLEN BRAMELY, GORDON HAMILTON, JULIAN LE GRAND e WILLIAM LOW, *How Far is the Poll Tax a 'Community Charge'? The Implications of Service Usage Evidence*, comunicação apresentada no Seminário Internacional do CIFREL, *Local Government Finance in the Theory and in the Current*

tradição assim existente tornará especialmente fácil e aceitável a aplicação do novo imposto, não obstante o seu significado reditício: perto de um terço do total actual (ou de metade, não considerando a sisa) das receitas fiscais dos municípios portugueses [38].

No sentido de a tributação predial ser uma fonte de receita autárquica pode apontar-se, depois, a circunstância de grande parte dos investimentos e de outras despesas das autarquias portuguesas (v. g. dos municípios) ser feita em infraestruturas e serviços que beneficiam e valorizam os prédios [39]. Trata-se, assim,

---

Applied Research: The International Experience, Ferrara, 16-17 de Setembro de 1988).

Está prevista, por outro lado, a introdução de impostos sobre os patrimónios prediais, como forma de financiamento autárquico, em Espanha e em Itália.

No caso espanhol trata-se de transformar uma tributação do rendimento numa tributação do valor dos prédios, podendo todavia pôr-se a dúvida sobre se aquela não seria já uma forma indirecta de tributar este valor (conforme se considerou em OCDE, *Taxes on Immovable Property*, cit.). A nova figura consta já de um projecto apresentado no Parlamento, de «Ley Reguladora de las Haciendas Locales» (Boletim Oficial do Congresso dos Deputados n.º 85.1, de 8 de Junho de 1988).

No caso italiano trata-se de uma iniciativa sem antecedentes próximos, havendo apenas a (má) experiência de outras formas tributárias e (principalmente) de uma excessiva dependência das transferências do Estado (ver as comunicações de GIANCARLO POLA, *Recent Trends in the Italian Local Government Finance: What Lessons for Portugal* e MARIO REY, *Taxation on Immovable Property and Local Finance: The Italian Case*, em CCRC/OCDE, Seminário Internacional sobre *A Problemática da Tributação Local*, Coimbra, 7-8 de Abril de 1988, no prelo, ou ainda por ex. GIORGIO STEFANI, *Economia della Finanza Pubblica*, 4.ª ed., CEDAM, Pádua, 1987, pp. 414-17).

[38] Podendo esperar-se que a tributação do património predial venha a corresponder, em termos de receita, à actual tributação dos rendimentos prediais. Naturalmente, com a possibilidade de actualização das rendas e das avaliações é de esperar que a receita venha a aumentar, mas trata-se de actualização —desejável a diferentes títulos— que teria essa consequência mesmo sem a introdução do novo imposto.

[39] Segundo uma amostragem a que se procedeu na Comissão de Coordenação da Região Centro, com um levantamento no distrito de Castelo Branco, 33,3% das despesas de capital dos municípios é em saneamento

de uma forma tributária justificável à luz do princípio do benefício, que pode ter especial justificação e aplicabilidade no campo da tributação autárquica [40].

(incluindo o abastecimento de água) e 33,1% em estradas e arruamentos, todas elas com ligação estreita à valorização e à utilização de prédios: sendo de esperar que muito em breve, com a desclassificação de estradas prevista no Plano Rodoviário Nacional, venham a ser ainda bem mais significativos os investimentos do segundo tipo.

Naturalmente, nesta lógica a tributação predial será de mais difícil aceitação em países onde as autarquias estejam mais envolvidas em outros tipos de apoios, por exemplo de educação ou de assistência (como é o caso da Grã--Bretanha, estando aqui uma razão importante para as reservas que eram levantadas em relação às «rates»: ver KING, *Accountability and Equity...*, cit., designadamente o quadro 1).

De qualquer modo, não sendo uma forma de financiamento exclusiva (ou sequer predominante), poderá justificar-se mesmo então na lógica de alguma intervenção favorecedora dos proprietários (ou utilizadores) dos prédios.

[40] Ver por ex. de novo MUSGRAVE E MUSGRAVE, ob. cit., pp. 502-3.

É à luz do princípio do benefício que se explica que sejam tributados por um imposto predial mesmo titulares de prédios que, no conjunto dos seus rendimentos, ficam abaixo do limiar mínimo a partir do qual se aplica um imposto pessoal (no nosso país, o IRS).

De facto, a inclusão neste imposto dos rendimentos normais dos prédios não arrendados levaria a que muitos titulares de prédios deixassem de ser tributados: todos aqueles que, tendo prédios proporcionando colectas superiores à 'isenção de rendimentos mínimos' (actualmente 1 000$00, valor que deverá ser mantido com a nova contribuição predial), tivessem todavia um rendimento global inferior ao limite a partir do qual o IRS começa a ser devido.

Seria sem dúvida justo que não o pagassem, estando em causa uma tributação pessoal. Mas pode entender-se, na lógica do princípio do benefício, que qualquer titular de prédios pague alguma contrapartida pelos benefícios que recebe com infraestruturas e serviços que a colectividade proporciona (construindo e mantendo arruamentos e esgotos, fornecendo água, policiando, combatendo incêndios ou ainda por exemplo recolhendo o lixo). Trata-se de despesas que beneficiam directamente os utilizadores e não os proprietários, quando há separação das duas figuras, mas, conforme se sublinhou já, estes são sempre beneficiados com a valorização proporcionada aos prédios.

Pode acrescentar-se, ainda, que sendo as propriedades bens escassos e com uma função social e económica a desempenhar, se compreende que a sua tributação deva constituir uma motivação, por pequena que seja, no sentido da sua utilização (pelo próprio ou cedendo-os a outrem), deixando de ser indiferente manter por exemplo um prédio desabitado ou um terreno por cultivar: ainda

Nesta linha, como forma de tributação do património justificável à luz do princípio do benefício, compreende-se ainda que a contribuição se situe, como receita municipal, a par da outra forma de tributação do património existente no direito português, o imposto sobre os veículos, justificável também, em boa medida, como contrapartida das infraestruturas e dos serviços, cada vez mais da responsabilidade autárquica, de que beneficiam os utilizadores das vias públicas [41].

---

que, tendo em conta outros interesses a atender, a tributação representa um encargo relativamente leve e sejam por consequência diminutos os efeitos reconhecidos no sentido apontado (cfr. NATHANIEL LICHFIELD e HAIM DARIN-DRABKIN, *Land Policy in Planning*, George Allen & Unwin, Londres, 1980, pp. 210-14 e os testemunhos incluídos em ADEF, *Les Enjeux de La Fiscalité Foncière*, Economica, Paris, 1983).

A lógica do benefício, acrescida do facto de se tratar de uma fonte de receita das autarquias (e não do Estado), justifica ainda, por fim, que não deixe de ser paga contribuição predial por prédios próprios adstritos ao exercício de uma actividade económica (tal como tem acontecido, até agora, nos termos do § 1.º do art. 3.º do Código da Contribuição Predial).

[41] Em Portugal temos este imposto a par de outros impostos, sobre os veículos (caso do IVVA, sobre a venda dos veículos automóveis) ou sobre a circulação (v. g. sobre os combustíveis), que encontram a mesma base de justificação e cuja receita reverte para o Estado.

Compreende-se que assim aconteça, dado que — além das suas necessidades reditícias — compete e continuará a competir sempre à administração central uma grande parcela das responsabilidades viárias do país.

O que já não se compreenderá, na mesma lógica, é que haja um desequilíbrio tão grande como o actual na repartição dos vários impostos: por exemplo em 1986, enquanto o imposto autárquico sobre os veículos proporcionou menos de 2 milhões de contos (quadro V), a tributação dos combustíveis terá proporcionado mais de 100 e o IVVA perto de 25 milhões (podendo dizer-se, pois, que «*Portugal's tax on petrol is very heavy, its tax on new vehicles is heavy, while its vehicle license fees are exceptionally light*» (KING, *Tax Reform...*, cit., p. 53).

Deve acrescentar-se, aliás, que a ligação ao território — importante na escolha dos impostos autárquicos, conforme se sublinhará de seguida no texto — seria mais clara com um imposto sobre os combustíveis, na medida em que os utilizadores das vias têm de comprar combustível nos espaços onde circulam (não sendo tão seguro que circulem nos domicílios indicados dos seus proprietários). Embora com dificuldades e limitações, atendendo designadamente à pequena dimensão dos municípios portugueses, poderá ser uma

Em quarto lugar, neste agrupamento de razões no sentido de a contribuição predial constituir uma receita autárquica, pode apontar-se a ligação indissociável e facilmente identificável dos prédios ao espaço de cada autarquia: diferentemente do que pode acontecer por exemplo com os rendimentos do trabalho, em relação aos quais pode não haver uma ligação necessária e facilmente identificável com cada espaço autárquico. Além de poderem evitar-se, por consequência, difíceis problemas de identificação e de fraude fiscal, é assegurada assim a lógica de contrapartida, na linha do princípio do benefício, que se justifica que esteja em grande medida na base da tributação local [42].

Como quinto elemento favorável, pode apontar-se depois a repartição comparativamente equilibrada que a tributação predial parece ter no espaço geográfico português [43].

Deste maior equilíbrio espacial pode ter-se noção — embora de um modo não perfeito — através do apuramento dos coeficientes de variância da receita da actual contribuição predial entre os municípios e os distritos do país, em confronto com os coeficientes de variância dos demais impostos (quadro VI).

Verifica-se, assim, que a contribuição predial actual figura, a par de outros três impostos municipais (o imposto sobre os veículos, o imposto de mais-valias e a sisa), entre os impostos com um coeficiente de variância mais reduzido. Tal não significa que

---

hipótese a ponderar em futuras alterações do sistema de financiamento autárquico (ver de novo KING, loc. cit. e, numa análise em alguma medida paralela, MANUEL PORTO, *A Coordenação Fiscal dos Transportes Rodoviários Internacionais*, separata do *Boletim de Ciências Económicas* da Faculdade de Direito de Coimbra, vol. XIV, Coimbra, 1972).

[42] Sobre esta razão de preferência ver por ex. JOSEPH COMBY e VINCENT RENARD, *L'Impot Foncier*, Presses Universitaires de France, col. Que sais-je?, Paris, 1985, p. 113.

[43] Um juízo no mesmo sentido não é feito por KING em relação ao Reino Unido, com base na análise da sua dissertação de doutoramento (*The Distribution of Taxable Resources Between Regions and Local Authorities*, University of York, 1971).

QUADRO VI
Coeficientes de variância (1986)

Impostos	por concelho	por distrito
Predial	337,1	162,5
Veículos	347,4	156,1
Mais-valias	294,6	122,5
Sisa	299,2	152,4
Industrial	693,6	217,8
Profissional	942,2	271,6
Capitais	377,4	122,6
Complementar	689,2	241,2
Suces. e doações	1 417,2	376,1
Total	642,6	201,0

Fonte: Informação da Direcção Geral das Contribuições e Impostos.

uma distribuição igualitária pelos municípios fosse uma distribuição adequada na repartição de impostos que, embora devendo visar a promoção de um maior equilíbrio no conjunto do país, não podem deixar de ter em conta as necessidades bem diferentes de cada um deles (entre outros factores, de acordo com as populações a satisfazer). Mas é pelo contrário de julgar que com a concentração das outras formas tributárias indicadas, além de não se terem em conta estas necessidades, se estaria a contribuir para o agravamento inconveniente dos desequilíbrios já hoje existentes no nosso país.

Por fim, como elementos negativos de um imposto sobre o património predial como receita dos municípios portugueses, poderão apontar-se a sua baixa elasticidade em relação ao rendimento e o elevado custo administrativo da sua aplicação [44].

---

[44] A tributação predial tem sido criticada também pela sua alegada regressividade (ver por ex. W. GILLESPIE, *Effect of Public Expenditures on the Distribution of Income*, em Richard Musgrave ed., *Essays on Fiscal Federalism*, Washington, 1965, DICK NETZER, *Economics of the Property Tax*, The Brookings

Em termos de elasticidade, é de esperar um comportamento na linha do que acontece actualmente com a contribuição predial (ver o quadro VII):

QUADRO VII
Valores de elasticidade (PIB a preços correntes do mercado)

	1972-82	1972-85 *
Contribuição predial	0,613	0,62
Contribuição industrial	1,437	1,35
Imposto profissional	1,449	1,39
Imposto de capitais: secção A	4,307	
secção B	2,121	
secção A + B	2,219	2,24
Imposto complementar	1,690	1,48
Imposto de mais-valias	0,919	
Imposto de selo	1,254	1,35
Imposto sobre sucessões e doações	0,511	0,68
Sisa	0,803	0,82
Imposto sobre veículos	0,819	0,74
Imposto de transacções	1,343	1,25

* Tendo havido mudança na base estatística, os valores de 1972-85 são uma média ponderada das elasticidades entre 1972 e 1982 e entre 1983 e 1985.
Fonte: INE, *Estatísticas das Contribuições e Impostos* e Banco de Portugal, *Relatórios*.

Pode constatar-se, pois, que as receitas da tributação predial têm uma elasticidade baixa, muito abaixo de um. Sem dúvida,

---

Institution, Washington, 1966 e JOSEPH PECHMAN e BENJAMIN OKER, *Who Bears the Tax Burden?*, The Brookings Institution, 1974). Mas além de estudos posteriores não terem confirmado esta convicção (cfr. HENRY AARON, *A New View of Property Tax Incidence*, em *Papers and Proceedings* da American Economic Association, vol. 64, 1974, pp. 212-21 e *Who Pays the Property tax. A New View*, The Brookings Institutions, Washington, 1975; ainda, em apreciações de síntese, RICHARD ARONSON e JOHN HILLEY, *Financing States and Local Government*, The Brookings institution, 4.ª ed., Washington, 1986, pp. 123-6, DAVID DAVIES, *United States Taxes and Tax Policy*, Cambridge University Press, Cambridge, 1986, pp. 255-65 e C. BROWN e P. JACKSON, *Public Sector Economies*, 3.ª ed., Basil Blackwell, Oxford, 1986, pp. 221-4; estando em causa, naturalmente, o modo como a tributação acaba por se repercutir), trata-se de preocupação que pode ficar secundarizada num imposto assente antes na lógica do princípio do benefício.

para este comportamento contribuem razões institucionais portuguesas, designadamente o congelamento das rendas até há pouco tempo e a enorme desactualização nas avaliações prediais, podendo esperar-se que, com alterações legislativas recentes e algum progresso próximo nas avaliações, venha a verificar-se um desenvolvimento significativo da situação. Mas além de poder esperar-se também que um melhor funcionamento do mercado, dinamizando a oferta, não leve a subidas tão acentuadas das rendas novas, não pode desconhecer-se que as razões institucionais que, de um modo mais ou menos sensível, levam a que sejam menos elásticas as receitas da tributação predial são comuns a todos os países [45], por muito que se

---

[45] Levando a que sejam muito maiores as dificuldades financeiras das autoridades locais de países onde tem prevalecido esta forma de financiamento (OCDE, *Taxes on Immovable Property*, cit.).

Em grande medida pela circunstância referida, a par do crescimento do relevo de outras formas tributárias, é impressionante a quebra que ao longo das décadas a tributação predial vem registando: descendo, por ex. entre 1900 e 1977 nos Estados Unidos de 51,4 para 5% e no Japão de 29,5 para 8,2%, e entre 1913 e 1977 em França de 11,6 para 2,9% e na Alemanha de 8,3 para 2,8% (cfr. JEAN-LOUIS GUIGOU e JEAN-MARC LEGRAND, *Fiscalité Foncière. Analyse Comparée des Pays de l'OCDE*, Economica, Paris, 1983). Em Portugal, depois de em 1948 a percentagem em análise ter sido de 14,7, em 1977 já era de 2,1% (verificando-se a partir de então alguma estabilização: cfr. INE, *Estatísticas das Contribuições e Impostos*).

Tinha consequentemente mais sentido em décadas anteriores a má vontade revelada em relação a esta forma de tributação, reconhecendo por ex. J. PETER JENSEN, em 1931, que «if any tax could have been eliminated by adverse criticism, the general property tax should have been eliminated long ago. One searches in vain for one of its friends to defend it intelligently» (*Property Taxation in the United States*, University of Chicago Press, Chicago, 1931), afirmando por seu turno NETZER, trinta e cinco anos depois, tendo igualmente em conta o caso americano, que «during the past century, no major fiscal institution, here or abroad, has been criticized at such length and with such vigor» (ob. cit., p. 1, onde acrescenta que, todavia, «no major fiscal institution has changed so little in modern times...»).

E, de facto, alguma literatura mais recente aponta no sentido da manutenção de algum relevo, com vocações determinadas, para a tributação predial (ver por ex. DICK NETZER, *Property Tax a Generation Hence*, comunicação apresentada na Conferência da TREM, 1979, ROY BAHL, *Property Taxation in the*

caminhe no sentido do funcionamento do mercado e da actualização das avaliações[46].

De qualquer modo, há que providenciar no sentido de que uma melhoria sensível nos sistemas de avaliações, reduzindo os custos administrativos da tributação predial, leve também a uma maior prontidão e a uma maior regularidade nos resultados apurados. Está aqui, sem dúvida, uma dificuldade decisiva a ultrapassar[47], devendo contudo esperar-se, com técnicas e racionalizações administrativas de que hoje em dia poderá dispor-se, que muito em breve possam ser assinalados progressos importantes a este propósito[48].

1980's, Lincoln Institute of Land Policy, Tax Policy Roundtable, Property Tax Papers Series, Cambridge, Mass., 1979 e ARTHUR LYNN, JR., *The Property Tax in the 1980's: Evolution or Devolution?*, em George Break ed., *State and Local Finance. The Pressures of the 1980's*, The University of Wisconsin Press, Londres, 1983, cap. 10).

[46] Trata-se de uma limitação especialmente grave no nosso país, onde, sendo o nível das despesas feitas pelas autarquias ainda muito baixo, se torna mais premente um acréscimo assinalável nos próximos anos.

Os cálculos do quadro VII foram feitos sem ter em conta algumas alterações de taxas entretanto ocorridas. Mas a própria probabilidade de alteração das taxas dos diferentes impostos está naturalmente ligada, no nosso país tal como nos demais, a circunstâncias institucionais, parecendo-nos por isso mais correcto endogeneizar esta variável, quando se pretende perspectivar o futuro.

[47] Conforme reconhece por ex. DAVIES, «the most serious problem associated with the property tax is inaccurate assessment» (*United States taxes...*, cit., 1986, p. 253; ou ainda por ex., exprimindo a mesma preocupação, ARONSON e HILLEY, ob. cit., p. 128-34).

[48] Parecendo merecer uma atenção especial a experiência dinamarquesa (ver ANDERS MULLER, mais recentemente *Property Taxation and Valuation*, em CCRC/OCDE, Seminário Internacional sobre *A Problemática da Tributação Local*, Coimbra, 7-8 de Abril de 1988, no prelo, e *Land Information Systems and Taxation of Properties in Developing Countries — a Pragmatic Approach*, em World Congress III of Computer Assisted Valuation and Land Information System, Harvard Law School, Cambridge, USA, Agosto 1988). Sobre alguns dos aspectos mais relevantes da situação portuguesa ver as comunicações de ANTÓNIO CARDOSO, A. SERRA MENDES e DIMAS VEIGAS, J. LAVADINHO LEITÃO e J. CARNEIRO DO AMARAL, R. GALIANO BARATA PINTO e RUI MORAIS em CCRC/OCDE, Seminário Internacional sobre *A Problemática da Tributação Local*, Coimbra, 7-8 de Abril de 1988 (no prelo).

Conseguindo-se assim uma correcção e uma justiça maiores nas avaliações, poderá contribuir-se igualmente para que a tributação predial passe a ser melhor aceite (não obstante algum aumento geral do seu peso).

3.4. *A manutenção de derramas, com novas bases de tributação*

As globalizações do IRS e do IRC põem também em causa, como vimos, a manutenção das actuais derramas, recaindo sobre dois impostos, a contribuição predial e a contribuição industrial, que deixam de ser apurados [49].

Deve reconhecer-se, todavia, que ficaria assim em causa uma figura de inegável mérito no financiamento das autarquias.

Desde logo, constitui elemento favorável a sua tradição, neste caso de muitas décadas [50], facilitando a aceitabilidade e a aplicação do imposto: mesmo tratando-se de um imposto significativo em termos de receitas, proporcionando agora mais de um sexto das receitas fiscais das autarquias (quase um quarto, não considerando a sisa).

A própria natureza das derramas, recaindo sobre a colecta de impostos principais, é por si mesma um factor de simplificação. Poderão não ser por isso tão sentidas como figura autárquica, designadamente se for o Estado a responsabilizar-se sobre a totalidade dos procedimentos administrativos conducentes à sua cobrança (diminuindo, por isso, o sentimento de «accountability»

---

[49] Não tendo obviamente sentido, quando se visa uma maior simplificação, apurar colectas só para efeitos de aplicação de derramas.
[50] No período da vigência das disposições fiscais do Código Administrativo, a par do imposto de comércio e indústria e de vários adicionais. À extensão das derramas à contribuição industrial, em 1979, foi feita aliás quando os municípios deixaram de dispor de duas formas tributárias — o imposto de comércio e indústria e um adicional — que recaíam tradicionalmente sobre a colecta da contribuição industrial.

sublinhado atrás). Mas sem dúvida a simplificação conseguida constitui uma importante vantagem de ordem geral, com a redução sensível dos custos de administração.

Sendo desejável reforçar o sentimento de empenhamento e responsabilização autárquicos, com formas tributárias na lógica do princípio do benefício, poderá acontecer que com as derramas não se consigam situações de contrapartida como as verificadas agora com a tributação predial [51]. Aliás, pela sua configuração própria as derramas não poderão deixar de estar associadas à lógica dos impostos sobre que recaem, que poderá ser antes (e é-o, de facto, com o IRS) uma lógica de capacidade de pagar. Mas no caso das derramas — seja qual for a sua base de incidência — a ideia de contrapartida e responsabilização é marcada fundamentalmente pela circunstância de o seu lançamento depender em cada ano da iniciativa dos eleitos autárquicos, chamados a julgar da vantagem do esforço financeiro complementar que os munícipes serão obrigados a fazer [52].

---

[51] Dada a importância da intervenção das autarquias portuguesas beneficiando os donos (ou utilizadores) de prédios.

[52] Sendo reforçados assim, em relação à mera existência de receitas próprias (identificadas) das autarquias, os objectivos de eficiência e políticos que a participação autárquica desejavelmente pode atingir (recorde-se o que dissemos em 3.1). Conforme foi sublinhado de um modo expressivo no Relatório Layfield, deve ter-se «a financial system based on a clear identification of responsability for expenditure and for the taxation to finance it», de tal modo que «whoever is responsable for deciding to spend more or less money in providing a service is also responsable for deciding whether to raise more or less in taxation» (tratou-se de um influente relatório, publicado em Maio de 1976, elaborado por uma Comissão de Inquérito a que havia sido cometido o encargo de «rever todo o sistema de financiamento dos governos locais em Inglaterra, Escócia, País de Gales, e fazer recomendações»). Trata-se, naturalmente, de preocupações sentidas também em muitos outros países, como são os casos da Itália (recordem-se as referências da n. 37) ou ainda por ex. da Espanha, designadamente em relação às regiões (ver J. SOLÉ-VILANOVA, *Regional Finance in Spain: Is Fiscal Responsability the Missing Element?*, comunicação apresentada no Seminário da ACIR, *Setting New Agendas for Intergovernmental Decentralization: The International Experience*, Washington, 22-24 de Fevereiro de 1988, a publicar, em ed. de Robert Bennett, pela Oxford Univesity Press).

Para além destas virtualidades, ligadas às derramas em geral, outras eventuais virtualidades estariam já ligadas às novas bases sobre que pudessem vir a recair. Também aqui, não vamos todavia encarar todas as hipóteses possíveis, independentemente de qualquer juízo que sobre elas viesse a ser formulado: cingindo--nos, numa primeira aproximação, às oportunidades abertas com a reforma fiscal que está em curso.

Uma primeira hipótese, com a tradição do regime do Código Administrativo, seria a de instituir derramas sobre o novo imposto sobre o valor dos prédios. Não nos parece, todavia, que para além da tradição algo mais recomende agora esta incidência [53].

Desde logo, revertendo o novo imposto predial para as autarquias, o lançamento de derramas apenas faria aumentar a receita obtida, com um resultado que pode ser conseguido, sem qualquer custo adicional, através de uma taxa mais elevada da contribuição autárquica [54]. Como elemento distintivo — e sem dúvida importante — poderia sublinhar-se a capacidade de iniciativa autárquica que desde sempre as derramas proporcionaram: mas o mesmo resultado pode ser conseguido, de um modo muito mais simples e barato, através da possibilidade de a taxa da contribuição predial ser fixada pelas autarquias, dentro de limites correspondentes ao valor das derramas que se pretendesse admitir.

Por outro lado, importará que uma figura tributária diferente traga algo de novo, como forma de receita autárquica, em relação a impostos sobre o valor dos prédios, designadamente no sentido de compensar as suas limitações: podendo recordar-se, nesta linha,

---

[53] Discordando, pois, da recomendação feita por KING neste sentido (*The Proposed Reform...*, cit., p. 13).

[54] Trata-se, naturalmente, de um reparo que poderia ser feito já hoje, desde que, em 1979, a receita da contribuição predial passou a reverter para os municípios.

que a tributação predial (tal como, aliás, os demais impostos locais: cfr. o quadro VII) tem como limitação de especial relevo (a par do seu custo administrativo) a sua baixa elasticidade em relação ao rendimento, prejudicando a resposta a dar às crescentes necessidades financeiras dos municípios portugueses. As derramas poderiam e deveriam aparecer, pois, como uma forma de financiamento complementar que pudesse dar a tal propósito uma resposta compensatória.

Para além disso, na linha de responsabilização que a tributação local deve promover, importará que seja o maior possível o número de cidadãos por ela abrangidos, todos eles empenhados numa boa gestão autárquica: aumentando, assim, o sentido de «accountability» referido atrás. Sendo só uma minoria a pagar, será uma maioria não contributiva a empenhar-se no alargamento da intervenção autárquica (e vice-versa). Está aqui, pois, uma limitação adicional da tributação predial, que, recaindo sobre os proprietários (não seria já tanto assim com a tributação dos utilizadores), acaba por responsabilizar apenas um número relativamente reduzido de cidadãos das autarquias [55].

Tendo presentes os desideratos em causa — de elasticidade das receitas e de responsabilização dos contribuintes — pode ver-se que uma sua melhor satisfação poderia ser de facto conseguida no âmbito do IRS e do IRC [56].

---

[55] Foi esta uma das razões básicas, tendo em conta que só cerca de metade dos eleitores das autarquias locais estava obrigada ao pagamento das «rates», que levou a alguma opção das autoridades do Reino Unido a favor de um imposto de capitação (ver de novo HMSO, *Paying for Local Government*, cit., p. 24, n.º 3.35 e KING, *Accountability and Equity...*, cit., p. 10).

[56] Neste sentido nos orientámos já em *Prospects for Local Finance in Portugal*, comunicação apresentada no Seminário International da ACIR, *New Agendas for Intergovernmental Decentralization: The International Experience*, Washington, 22-24 de Fevereiro de 1988 (no prelo, em ed. de Robert Bennett, a publicar pela Oxford University Press).

Assim, debruçando-nos de novo sobre o quadro VII, constatamos que têm elasticidades superiores a um a contribuição industrial, o imposto profissional e o imposto de capitais (ainda o imposto complementar), sendo de esperar, por isso, que tivessem elasticidades acima desse valor derramas recaindo sobre as colectas de impostos sobre a generalidade dos rendimentos.

Por outro lado, a incidência sobre os dois novos impostos sobre o rendimento corresponderia a um alargamento do seu campo de aplicação: tendo embora bem presente que o relevo de um imposto global sobre o rendimento das pessoas singulares dependerá, a este propósito, de não se partir de uma base alta de 'mínimo de existência' (e, em geral, de compromisso fiscal).

Como elemento negativo de derramas recaindo sobre os novos impostos sobre o rendimento deve apontar-se, todavia, a concentração geográfica que deveria vir a verificar-se. Conforme tivemos ocasião de ver no quadro VII, os impostos directos têm uma grande concentração, ultrapassada apenas (entre os impostos considerados) pela do imposto sobre sucessões e doações: não parecendo que corresponda às necessidades reais dos municípios e acabando por ser, ela mesma, um inconveniente factor acentuador das desigualdades existentes no nosso país.

Tratar-se-ia, todavia, de um desequilíbrio aqui inevitável, que deveria ser compensado pelo maior equilíbrio espacial da tributação dos valores prediais e ainda, necessariamente, por alguma perequação nacional.

De muito maior gravidade, e sendo além disso evitável, é sem dúvida o desequilíbrio verificado actualmente com as derramas que recaem sobre a colecta da contribuição industrial, revertendo apenas, de um modo injustificável à luz de qualquer critério de equidade ou económico, a favor dos municípios da sede das empresas.

Assim acontece em virtude de, nos termos da legislação actual, as derramas sobre a contribuição industrial reverterem a favor dos municípios onde esta contribuição é colectada: ou seja, dos municípios onde as empresas têm a sua sede social.

Não se põe nenhum problema, como é óbvio, quando uma empresa tem toda a sua actividade produtiva no município da sede. Mas sempre que assim não aconteça é-se conduzido a situações injustificáveis, não recebendo nenhuma receita os demais municípios onde a sua produção beneficia (em muitos casos em muito maior medida) de infraestruturas e de serviços proporcionados pela colectividade. A lógica do princípio do benefício aponta ainda para que, quando haja deseconomias externas (por vezes inevitáveis), o seu causador compense a colectividade do prejuízo causado (exigindo, em muitos casos, encargos acrescidos às autarquias): papel que a derrama deveria também ajudar a preencher, mas fica comprometido se reverter apenas para o município da sede, onde as referidas deseconomias externas (v. g. de poluição) não se fazem sentir [57].

Trata-se, pois, de uma situação sem qualquer lógica de equidade ou económica, que importa que seja afastada com a actual reforma fiscal [58].

---

[57] A possibilidade de cobrança de derramas poderá ser aliás um factor favorável de aceitabilidade de determinadas implantações produtivas, desejáveis do ponto de vista nacional mas com custos nos municípios onde são feitas.

[58] A grave ilógica do sistema actual pode ser exemplificada pela situação de um município que tenha no seu espaço duas fábricas iguais, às quais preste iguais apoios em infraestruturas e serviços e com as quais sofra os mesmos efeitos de poluição, tendo todavia uma delas a sua sede social também aí localizada, enquanto a sede da segunda se localiza num município diferente. Tendo os mesmos encargos em ambos os casos, só em relação à primeira pode ter a contrapartida do lançamento da derrama. Torna-se além disso especialmente chocante que com a actividade desta segunda fábrica (incluindo a poluição) possa beneficiar o município da sede social, localizada talvez num pequeno andar, sem exigir especiais encargos e sem nada poluir.

4. As soluções adoptadas na lei da reforma fiscal (Lei n.º 106/88, de 17 de Setembro)

A lei básica da reforma fiscal (a lei n.º 106/88) foi entretanto publicada [59], com implicações e mesmo já com disposições relativas à tributação local.

Transformou-se assim em lei uma proposta que resultou da síntese de duas propostas anteriores, a chamada 'proposta de lei de bases' (a Proposta de Lei n.º 3/V) [60] correspondendo quase na íntegra ao projecto preparado pela Comissão da Reforma Fiscal (cit.), e a chamada 'proposta de taxas' (contendo também outros elementos essenciais das novas figuras tributárias), resultante fundamentalmente de iniciativa governamental (Proposta de Lei n.º 59/V) [61].

No seu articulado, além da definição dos elementos essenciais dos dois impostos sobre o rendimento (o IRS e o IRC), a nova lei veio instituir, como fontes de receitas municipais, as duas figuras tributárias que temos vindo a analisar: um imposto sobre o valor dos prédios e derramas, com uma incidência diferente da das anteriores.

Fez-se assim uma opção, numa linha de continuidade, a favor de duas figuras com os méritos que procurámos mostrar: parecendo-nos, todavia, que nem sempre se terá avançado na

---

[59] Havia sido aprovada pela Assembleia da República no dia 21 de Julho de 1988.

[60] Esta proposta, publicada no *Diário da Assembleia da República*, II Série, n.º 9, de 16 de Outubro de 1987, veio substituir então uma primeira proposta (a Proposta n.º 54/IV), quase igual, que havia caducado com a dissolução da Assembleia que entretanto teve lugar.

[61] Publicada no *Diário da Assembleia da República*, II Série, n.º 78, de 25 de Maio de 1988.

medida desejável, estando além disso ainda em aberto pontos relativamente aos quais importará tomar as decisões mais adequadas.

4.1. *A contribuição autárquica*

A iniciativa da criação, a favor dos municípios, de uma contribuição sobre o valor patrimonial dos prédios (rústicos e urbanos) foi uma iniciativa originária da Comissão da Reforma Fiscal [62], com acolhimento desde a primeira proposta de lei (art. 24.º) e agora na lei aprovada (art. 37.º).

Em relação à incidência, dispõe-se que incide sobre o valor patrimonial dos prédios e ainda que se trata de um imposto devido pelos seus proprietários [63].

No que diz respeito às taxas, a lei aprovada, tendo por base a Proposta n.º 59/V, veio admitir que os municípios fixem a taxa a aplicar aos prédios urbanos, entre 1,1% e 1,3% do seu valor matricial, e fixar em 0,8% a taxa a aplicar aos prédios rústicos.

Relativamente aos prédios urbanos, a lógica do princípio do benefício veio a ter assim um acolhimento acrescido, com a possibilidade de intervenção dos municípios fixando a taxa a aplicar (dentro dos limites estabelecidos na lei). Desaparecendo as derramas sobre a contribuição predial, a margem de manobra, de 1,1% para 1,3%, acaba aliás por corresponder à

---

[62] Ver o n.º 1.15 da Exposição de Motivos, cit.. Também desde então o novo imposto foi designado por 'contribuição autárquica', designação a que, segundo julgamos, deverá ser acrescentada a de 'predial' ('contribuição predial autárquica'), distinguindo-a assim de outros impostos de que as autarquias também dispõem ou poderão vir a dispor.

[63] Recorde-se o que se disse na n. 34.

capacidade de iniciativa que era reconhecida com aquela figura tributária [64].

Já para a contribuição predial rústica a lei veio estabelecer apenas uma taxa, de 0,8%. Poderá dizer-se, talvez, que em relação aos prédios rústicos serão menos sensíveis as contrapartidas, em infraestruturas ou serviços (ou ligadas a deseconomias externas) fornecidas pelas autarquias locais. Mas são igualmetne muitos os casos em que a acção das autarquias favorece prédios rústicos, parecendo-nos que mesmo por esta razão também em relação a eles deveria ter sido admitida alguma margem de manobra para a intervenção autárquica, fixando a taxa dentro de determinados limites [65].

A lei veio dar ainda uma solução ao problema da distorção no mercado dos capitais que resultaria de uma aplicação em prédios arrendados estar sujeita simultaneamente à contribuição autárquica, devida pelo valor dos prédios, e ao IRS (ou ao IRC, tratando-se de entidades a ele sujeitas), em relação às rendas incluídas nestes impostos. Na Proposta de Lei n.º 5/V previa-se apenas (no art. 24.º, n.º 4) que se fizesse a dedução da colecta da contribuição autárquica do rendimento colectável dos impostos globais sobre o rendimento: o que, naturalmente, não seria suficiente para evitar a distorção no mercado, penalizando quem aplicasse o dinheiro em prédios de rendimento, em relação a quem fizesse qualquer outra aplicação [66]. Já na Proposta de Lei n.º 59/V (nos arts. 11.º, n.º 3 e 15.º) veio a propor-se antes a dedução

---

[64] Evitando-se duplicações e custos desnecessários (recorde-se o que se disse *supra*, em 3.4).

[65] Na proposta de lei espanhola a possibilidade de intervenção é admitida em relação aos dois tipos de prédios. É além disso muito maior a margem admitida, sendo as taxas básicas de 0,4% para os prédios urbanos e de 0,3% para os prédios rústicos e podendo a majoração chegar a 1,1% para os primeiros e a 0,9% para os segundos (com a particularidade interessante de, além de outros ajustamentos admitidos, as taxas que podem ser atingidas dependerem, para uns e outros prédios, da população do município: art. 74.º).

colecta a colecta, solução que teve acolhimento na lei aprovada (nos arts. 14.º, n.º 3, em relação ao IRS, e 25.º em relação ao IRC) [67].

---

[66] Recorde-se o que se disse *supra*, em 3.3 (v. g. na n. 35). A distorção que teria sido criada com esta dupla tributação económica mereceu a crítica de J. TEIXEIRA RIBEIRO, *O Imposto Unico de Rendimento Pessoal*, separata do *Boletim de Ciências Económicas* da Faculdade de Direito de Coimbra, vol. XXX, Coimbra, 1988.

Trata-se de distorção que se verificará em Espanha com a nova «Ley Reguladora de las Haciendas Locales», justificando-se por isso a crítica de EUGENIO SIMÓN ACOSTA (no cap. II, *Los Impuestos sobre la Riqueza Immobiliária*, do trabalho conjunto *El Proyecto de Ley Reguladora de las Haciendas Locales*, *Informes do Instituto de Estudios Económicos*, Madrid, junho de 1988, pp. 41-9).

Deve notar-se, todavia, que esta 'dupla tributação' (e distorção no mercado dos capitais) se verifica num número apreciável de países. Existia aliás já em Espanha, mesmo de um modo mais ostensivo, estando os rendimentos dos prédios sujeitos simultaneamente aos impostos nacionais sobre os rendimentos das pessoas físicas (IRPF) e das sociedades e às contribuições territoriais rústica e urbana. Segundo Albiñana, a alteração agora proposta «tendria la virtud de enmascarar la actual doble imposición de los rendimientos» (*Sistema Tributario Español y Comparado*, Tecnos, Madrid, 1986, p. 761), ao que Simon Acosta responde que «no nos parece ni que el enmascaramiento de una doble imposición sea una virtud (lo sería, si acaso, su eliminación), ni que el cambio de naturaleza tenga una transcendencia mucho más que formal» (loc. cit.).

[67] Esta solução, sugerida por TEIXEIRA RIBEIRO para evitar a distorção em causa, era-o todavia apenas como solução de 'segundo óptimo', defendendo em primeira linha a manutenção da situação anterior, tributando-se no IRS e no IRC não só rendimentos recebidos como rendimentos normais (e não havendo, consequentemente, um imposto separado sobre os valores prediais); ou ainda, em segunda linha, a aplicação do imposto sobre o património predial apenas a prédios não arrendados.

Numa contemporização paralela à que deverá ser aceite também, em alguma medida, em relação à intercomunicabilidade cedular das perdas, a dedução da colecta da contribuição autárquica ficou limitada ao montante da colecta do IRS do IRC correspondente aos rendimentos dos prédios ou partes dos prédios arrendados (ideia que não ficou porém correctamente formulada no n.º 3 do art. 14.º, em relação ao IRS).

A solução seguida em Portugal é proposta em Espanha por Simón Acosta, mas de um modo mitigado: podendo deduzir-se da colecta do IRPF a colecta da contribuição predial correspondente à aplicação da taxa mínima, mas já só do rendimento a colecta resultante de os municípios terem fixado taxas mais elevadas (loc. cit., pp. 45-47, onde expõe as suas razões).

Por outro lado, independentemente da criação da contribuição autárquica tornava-se urgente a actualização das matrizes (cujo rendimento, capitalizado, deverá servir agora de base à aplicação da nova figura tributária). Assim se compreende que, no seguimento já de sugestão da Comissão da Reforma Fiscal, o art. 37.º da lei aprovada disponha (no n.º 4) que «o Governo deverá proceder à revisão das normas de avaliação da propriedade rústica e urbana por forma a conseguir-se, com encargos administrativos mais baixos, uma determinação mais rigorosa da matéria colectável e um reforço das garantias dos contribuintes».

Trata-se de um processo de elaboração legislativa e de preparação administrativa que está em curso, mas que é delicado e moroso, pelo que não foi possível dispor de um novo Código de Avaliações para vigorar já no próximo ano. Por isso se estabeleceu no número seguinte do mesmo artigo um sistema de actualização automática dos prédios não arrendados, a aplicar de imediato [68].

4.2. *As derramas*

Neste caso no seguimento apenas da Proposta de Lei n.º 59/V, a lei da reforma fiscal veio admitir igualmente a

---

[68] Como se diz no texto, urgia proceder a esta actualização independentemente da criação do novo imposto (não devendo, por isso, ser assacado a este último algum aumento de tributação que possa ter lugar).
Nesta linha, já a lei do orçamento para 1988 havia determinado, no seu art. 69.º, a actualização automática dos rendimentos das matrizes. É todavia de recear que, tal como em relação a esta disposição orçamental, o n.º 5 do art. 37.º da lei da reforma fiscal venha a quedar-se em muitos casos como 'letra morta', em virtude de os serviços de finanças não disporem de meios para lhe dar cumprimento (comprometendo, assim, não só os interesses que estão em causa com a tributação autárquica, como ainda a receita de outros impostos, municipais e estaduais, e outros interesses económicos ligados à actualização das matrizes).

possibilidade de os municípios lançarem derramas: sobre a colecta do IRC, até ao máximo de 10% (art. 38.º).

Mantem-se assim uma velha tradição portuguesa, com a utilização desta forma tributária no financiamento das autarquias locais. Trata-se, por isso, de uma forma tributária de mais fácil aceitabilidade pela administração e pelos contribuintes, acrescendo esta vantagem às demais vantagens, assinaladas atrás, que as derramas podem proporcionar.

Como elemento positivo, é de referir ainda a boa elasticidade que, tendo em conta o que se passa actualmente com os impostos que recaem sobre os rendimentos inseridos no IRC (recorde-se mais uma vez o quadro VII), deverá ser conseguida com as novas derramas.

No reverso da medalha, poderá começar por apontar-se a limitação resultante de se terem restringido as derramas à colecta apenas de um dos novos impostos. Nos termos vistos atrás, com o alargamento ao IRS a ideia de responsabilização (a «accountability») ficaria reforçada na medida em que seria muito maior o número de contribuintes a sentir e a responsabilizar-se com a tributação [69]; permitindo além disso este aumento da base de incidência que o mesmo volume de receitas fosse conseguido com uma taxa muito mais baixa, com as vantagens consequentes de atenuação de resistências e de diminuição de distorções. Trata-se de limitação com gravidade acrescida face à nova reforma fiscal, dado que, incidindo o IRC apenas sobre pessoas colectivas, o número de contribuintes que poderão vir a estar sujeitos às derramas (cerca de 100 mil) virá a ser muito menor do que o dos que poderiam estar sujeitos às actuais derramas sobre a contribuição industiral, aplicável também a pessoas singulares (cerca de 500 mil); acrescendo, ainda, que a

---

[69] Todos eles beneficiando, em maior ou menor medida, com as infraestruturas e os serviços prestados pelas colectividades locais.

«accountability» seria mais sentida precisamente por pessoas singulares.

Verificar-se-á a este propósito, pois, um retrocesso muito nítido em relação à situação presente, que seria evitado com a aplicabilidade das derramas também aos cerca de 2 milhões de contribuintes que virão a estar sujeitos ao IRS [70].

---

[70] Ficando-se mesmo assim muito aquém dos mais de 7 milhões de eleitores do nosso país.

Em termos de tradição, pode lembrar-se que a prática de se cobrar a favor dos municípios «uma percentagem adicional às contribuições directas do Estado» (às então indicadas ou «àquelas que as substituam»), com um máximo «anualmente fixado por lei», remonta ao Código de 1886 (arts. 131.º e 134.º).

Olhando, por outro lado, para o que se vai passando nos demais países, será de salientar o anúncio feito em Itália, muito recentemente (cfr. *Corriere della Sera*, de 22 de Setembro de 1988), do lançamento de uma sobretaxa — uma 'derrama' — sobre o imposto único sobre o rendimento das pessoas físicas (o IRPEF), num esforço imediato (para o orçamento de 1989) de diminuição da dependência do financiamento autárquico em relação a transferências do Estado (recorde-se a n. 37); bem como alguma reserva manifestada pela não consideração de uma figura tributária desta índole no «Proyecto de Ley Reguladora de las Haciendas Locales» espanholas (ver ANGELES GARCIA FRÍAS, *Problematica de la Financiacion Municipal Atraves de Recargos*, em CCRC/OCDE, Seminário Internacional sobre *A Problemática da Tributação Local*, Coimbra, 7-8 de Abril de 1988, no prelo).

Em relação ao lançamento de derramas sobre o IRS poderá acrescentar-se, igualmente, que se trataria de uma forma de participar das virtualidades de uma tributação — a tributação do rendimento das pessoas físicas — que é hoje reconhecida como especialmente adequada para o financiamento das autarquias, v. g. no cotejo com a tributação de pessoas colectivas (ver por ex. de novo KING, *Fiscal Tiers...*, cit., cap. 6, ou ainda, neste caso num cotejo com o «poll tax», ROBERT BENNETT, *Local Income Tax in Britain — A Reappraisal of Theory and Practice*, comunicação apresentada no Seminário da Association of Metropolitan Authorities sobre *Local Income Tax*, Londres, 29 de Março de 1987): justificando-se, por isso, o lugar primordial e crescente que vem ocupando na maior parte dos países da OCDE (cfr. *Taxes on Immovable Property*, cit. e OWENS, ob. cit.). As derramas seriam, pois, um modo de beneficiar destas virtualidades, sem os custos adicionais de uma tributação autónoma.

Por fim, na mesma linha será curioso referir ainda que numa análise recente da eventual adequação do «poll tax» britânico ao princípio do benefício, levada a cabo em Cheshire, se constatou antes a existência de alguma correlação positiva entre os serviços prestados pelos responsáveis locais e a capacidade de pagar dos cidadãos (BRAMELY, HAMILTON, LE GRAND e LOW, loc. cit.).

Como segundo elemento negativo, será de apontar a grande concentração geográfica que deverá esperar-se com este imposto (recorde-se, agora, o quadro VI). Trata-se de concentração que se verificaria também com a sua incidência sobre o IRS [71], e que terá de ser compensada por outras vias.

De especial gravidade no sistema actual é contudo a circunstância, esta evitável, de as derramas sobre a contribuição industrial reverterem apenas para os municípios das sedes, mesmo quando as empresas exerçam a sua actividade também em outros municípios. Será esta a iniquidade e a distorção que importará fundamentalmente evitar, devendo para tal dispor-se na lei das finanças locais [72], no seu art. 6.º, que, tratando-se de empresas com actividade produtiva em municípios diferentes da sede, seja imputada a cada um, consoante o rendimento gerado na sua área geográfica, a colecta sobre a qual deverá ser lançada a respectiva derrama. Trata-se de uma solução que não levantará problemas de maior, dispondo as empresas, na sua contabilidade, dos elementos que se tornam necessários para o efeito [73]; e só assim as derramas

---

[71] Provavelmente em maior medida, tendo em conta o maior coeficiente de variância do imposto profissional do que da contribuição industrial (sendo de esperar que o coeficiente de variância do IRC se aproxime do coeficiente de variância da contribuição industrial, em relação à qual as pessoas colectivas, embora sendo apenas cerca de um quinto dos contribuintes, são responsáveis por cerca de 90% do montante total pago).

[72] Que o art. 39.º da lei da reforma fiscal autoriza o Governo a rever, «de modo a ajustá-la à nova estrutura da tributação do rendimento decorrente da criação do IRS e do IRC e tendo em conta a necessidade de garantir os actuais níveis de receita municipal na *perspectiva de uma gestão financeira autárquica responsável*» (itálico nosso).

[73] Não se trata aliás de nada de novo no quadro jurídico português. Recuando ao regime do Código Administrativo de 1936-40, verificamos que já a licença de estabelecimento comercial ou industrial (antecessora do imposto de comércio e indústria) era devida «pelas empresas singulares ou colectivas ou suas sucursais, filiais, agências, delegações, correspondências ou estabelecimentos» que exercessem «qualquer ramo de comércio ou indústria na circunscrição municipal» (art. 606.º, depois art. 710.º); e já então para o apuramento do

terão sentido económico (e de equidade), na lógica de contrapartida, empenhamento e responsabilização que está na sua base.

5. Conclusões

Tendo implicações em algumas das principais receitas tributárias das autarquias, importava que a entrada em vigor da nova reforma fiscal não diminuísse ainda mais o peso destas receitas: muito pequeno no nosso país, quando razões de diferentes naturezas apontam no sentido de passarem a ser maiores a capacidade de intervenção das autarquias e o seu financiamento através de receitas tributárias próprias.

Não é todavia fácil encontrar receitas fiscais significativas, de natureza muito diferente da das actuais. Sendo assim, embora se reconheça a vantagem de vir a encontrar outras formas tributárias, a criação de um imposto sobre o valor dos prédios e a manutenção de derramas (com novas bases de incidência) aparecem-nos como particularmente recomendáveis no caso português: pelos seus méritos próprios e pela vantagem que resulta de, sem hiatos, serem figuras facilmente aceites pelos contribuintes e aplicáveis pela administração.

Parece-nos, assim, correcto o caminho seguido pela lei da reforma fiscal, numa lógica que poderia ter sido todavia melhor explorada nas soluções já adoptadas e sendo ainda de esperar que a legislação complementar a publicar assegure devidamente os objectivos a atingir.

---

imposto devido a municípios diferentes daquele em que era lançada a contribuição industrial eram tidas em conta as declarações dos contribuintes, «corrigidas estas com elementos fornecidos pela fiscalidade» (respectivamente, arts. 608.º e 712.º, que veio trazer este último acrescento).

ANEXO

QUADRO VIII — Percentagem das despesas locais, excluindo os encargos com a segurança social e os juros da dívida pública

Ano	Desp. local / Desp. públ. total	Investim. local / Inv. públ. total	Desp. corr. loc. / Total desp. públ. correntes
1972	8,6	30,1	4,9
1973	8,8	37,1	5,0
1974	6,4	23,8	4,1
1975	8,7	23,6	5,3
1976	8,8	25,2	5,1
1977	8,6	18,3	5,8
1978	10,5	27,5	6,0
1979	10,9	29,5	6,7
1980	11,8	34,2	6,1
1981	12,2	36,3	6,4
1982	10,8	26,9	6,9
1983	9,4	25,2	6,2
1984	8,4	26,0	5,6
1985	8,9	24,0	6,2
1986	9,0	24,1	6,2

Fonte: Relatórios do Banco de Portugal

SUMMARY

Portugal has been traditionally and remains a highly centralized country (with local expenditure at about 7 percent of total public expenditure), where the role of local finance, namely the role of local taxation, has been quite small (about 20 percent of local revenue).

In the coming years, some increase in the taxing capacity of the local authorities would therefore be advisable. However, in the meantime they will still lose the revenue of three of their present taxes, with the implementation, from January 1st 1989, of global income taxes on individuals and on corporations (known as IRS and IRC): 1) the 'predial' (the tax on property rents), since the cash income from rented property will be included in the IRS and in the IRC; 2) the 'derramas' (surtaxes on the 'predial' and on the industrial tax), as with the aggregation of all sources of income these tax bases will disappear; and 3) the tax on capital gains, since for the IRS and for the IRC a broad concept of income was accepted, including those gains.

With this loss the role of local taxation would be drastically reduced, to about one half of the present share. And this would happen at a time when, on the contrary, an effort should be made to increase sharply the capacity of intervention at the local level, with an increasing participation ot local taxation (benefitting from the political and economic advantages of this form of financing).

Efforts should therefore be made, in the coming years, to find other suitable taxes for local finance. In the short term, in an effort to keep the present (low) level of local taxation, the author thinks that a fair decision was taken (by the Law 106/88, of September 17th), with the introduction of a tax on immovable property, substituting the tax on property rents, and of derramas on one of the new global taxes (the IRC), substituting the previous derramas.

Because the new taxes are similar to the previous ones, we can expect that they will be easily accepted by the taxpayers and will not cause new difficulties to the administration. And, with their own advantages, probabley they should be maintained in the future, together with other new taxes for the Portuguese local authorities.

It should be added, however, that in some points a better outcome could have been achieved, with the taxes introduced now, and that some improvements are expected, with coming complementary regulation.